RUDOLF STEINER
NERVOSITÄT UND ICHHEIT

RUDOLF STEINER

Nervosität und Ichheit

Ein Vortrag, gehalten in München
am 11. Januar 1912

1994

RUDOLF STEINER VERLAG
DORNACH/SCHWEIZ

Nach vom Vortragenden nicht durchgesehenen Nachschriften
herausgegeben von der Rudolf Steiner-Nachlaßverwaltung

Die Herausgabe besorgte Dr. med. Hans W. Zbinden

EINZELAUSGABE

1. Auflage Basel 1952

als 3. Vortrag in «Gesundheit und Krankheit im Seelenleben»,
Medizinische Schriftenreihe, zweite Folge, 3. Heft

2. Auflage Dornach 1966

3. Auflage Dornach 1969

4. Auflage Dornach 1974

5. Auflage Dornach 1979

6. Auflage, durchgesehen und mit neu
aufgefundenen Nachschriften verglichen
Dornach 1987

7. Auflage Dornach 1994

Sonderdruck aus Bibliographie-Nr. 143
«Erfahrungen des Übersinnlichen. Die drei Wege der Seele zu Christus»
Rudolf Steiner Gesamtausgabe 1994

Zeichen auf dem Umschlag von Rudolf Steiner, Schrift von B. Marzahn

ISBN 3-7274-5066-5

Zu den Veröffentlichungen
aus dem Vortragswerk von Rudolf Steiner

Die Gesamtausgabe der Werke Rudolf Steiners (1861 – 1925) gliedert sich in die drei großen Abteilungen: Schriften – Vorträge – Künstlerisches Werk (siehe die Übersicht am Schluß der Ausgabe).

Von den in den Jahren 1900 bis 1924 sowohl öffentlich wie für Mitglieder der Theosophischen, später Anthroposophischen Gesellschaft zahlreichen frei gehaltenen Vorträge und Kursen hatte Rudolf Steiner ursprünglich nicht gewollt, daß sie schriftlich festgehalten würden, da sie von ihm als «mündliche, nicht zum Druck bestimmte Mitteilungen» gedacht waren. Nachdem aber zunehmend unvollständige und fehlerhafte Hörernachschriften angefertigt und verbreitet wurden, sah er sich veranlaßt, das Nachschreiben zu regeln. Mit dieser Aufgabe betraute er Marie Steiner-von Sivers. Ihr oblag die Bestimmung der Stenographierenden, die Verwaltung der Nachschriften und die für die Herausgabe notwendige Durchsicht der Texte. Da Rudolf Steiner aus Zeitmangel nur in ganz wenigen Fällen die Nachschriften selbst korrigieren konnte, muß gegenüber allen Vortragsveröffentlichungen sein Vorbehalt berücksichtigt werden: «Es wird eben nur hingenommen werden müssen, daß in den von mir nicht nachgesehenen Vorlagen sich Fehlerhaftes findet.»

Über das Verhältnis der Mitgliedervorträge, welche zunächst nur als interne Manuskriptdrucke zugänglich waren, zu seinen öffentlichen Schriften äußert sich Rudolf Steiner in seiner Selbstbiographie «Mein Lebensgang» (35. Kapitel). Der entsprechende Wortlaut ist am Schluß dieser Ausgabe wiedergegeben. Das dort Gesagte gilt gleichermaßen auch für die Kurse zu einzelnen Fachgebieten, welche sich an einen begrenzten, mit den Grundlagen der Geisteswissenschaft vertrauten Teilnehmerkreis richteten.

Nach dem Tode von Marie Steiner (1867 – 1948) wurde gemäß ihren Richtlinien mit der Herausgabe einer Rudolf Steiner Gesamtausgabe begonnen. Die vorliegende Ausgabe ist dem auf Seite 4 genannten Band der Gesamtausgabe entnommen. Nähere Angaben zu den Textunterlagen finden sich am Beginn der Hinweise.

NERVOSITÄT UND ICHHEIT

München, 11. Januar 1912

Es sollen heute einige Anregungen gegeben werden im
Zusammenhang mit manchem, was wir schon kennen,
was aber doch für den einen oder den andern von uns
nützlich sein kann, und was uns auch hineinführen kann
in eine genauere Anschauung der Wesenheit des Menschen und seines Zusammenhanges mit der Welt. Es
wird ja der Anthroposoph sehr häufig Gelegenheit haben können, daß ihm außer den Entgegnungen und Ein-
wänden gegen die Geisteswissenschaft, von denen in den
öffentlichen Vorträgen diesmal gesprochen worden ist,
noch mancherlei anderes von Außenstehenden vorge-
bracht wird. So namentlich wird ja immer wieder und
wiederum von gelehrten und ungelehrten Leuten vieles
dagegen eingewendet, daß wir im Sinn der Geisteswissenschaft sprechen von einer Gliederung der ganzen
menschlichen Wesenheit in jene vier Glieder, die wir immer anführen: in den physischen Leib, Äther- oder Lebensleib, Astralleib und das Ich. Und es kann ja dann
wohl von Zweiflern eingewendet werden, es könne sich
für einen Menschen, welcher gewisse, sonst verborgene
Kräfte der Seele entwickelt, vielleicht ermöglichen lassen, etwas derartiges zu sehen wie diese Wesensglieder,
aber für denjenigen, der so etwas nicht sieht, für den
könnte es ja doch keine Gründe geben, sich einer solchen Meinung hinzugeben. Nun muß aber doch betont
werden, daß das Leben des Menschen, wenn man auf-

9

merksam ist, nicht nur Bestätigungen dessen gibt, was die Geist-Erkenntnis zu sagen hat, sondern daß, wenn man das anwendet, was man aus der Geist-Erkenntnis für das Leben lernen kann, sich solch eine Anwendung auf das Leben als außerordentlich nützlich erweist. Und man wird schon dahinterkommen, daß dieser Nutzen – ich meine jetzt nicht in einem niederen Sinne Nutzen, sondern jenen Nutzen, der ein Nutzen in einem höheren Sinne ist – uns allmählich eine Art von Überzeugung beibringen kann, auch wenn wir nicht auf das eingehen wollen, was sich der hellseherischen Beobachtung darbietet.

Es ist ja nur allzu bekannt, daß in unserer Zeit viel geklagt wird über das, was mit dem vielgefürchteten Wort Nervosität umspannt wird, und man darf sich gar nicht wundern, wenn der oder jener sich zu dem Ausspruch hingedrängt fühlt: In unserer Zeit gibt es eigentlich keinen Menschen mehr, der nicht nervös wäre in irgendeiner Beziehung. Und wie sollten wir nicht einen solchen Ausspruch begreiflich finden. Ganz abgesehen von den sozialen Verhältnissen und Zuständen, denen wir diese oder jene Ursache bei dieser Nervosität zuschreiben können, sind eben solche Zustände, die als Nervosität bezeichnet werden können, auch sonst da, und sie äußern sich in der mannigfaltigsten Weise. Sie äußern sich vielleicht, man könnte sagen in der leichtesten Weise, in der am wenigsten unbequemen Weise dadurch, daß der Mensch das wird, was man einen seelischen Zappelfritzen nennen könnte. Einen solchen möchte ich denjenigen nennen, der unvermögend ist, einen Gedanken ordentlich festzuhalten und ihn wirklich in seinen Konsequenzen

zu verfolgen, der immer überspringt von einem Gedanken zu dem andern, und wenn man versucht, ihn bei
einem Gedanken festzuhalten, dann ist er schon längst zu
einem andern übergesprungen. Eine Hast des seelischen
Lebens, das ist oftmals die leichteste Art von Nervosität.

Eine andere Art von Nervosität ist diese, daß die Menschen mit sich selber nicht viel anzufangen wissen, daß
sie sozusagen gegenüber Dingen, bei denen sie zu Entschlüssen kommen sollten, nicht zu Entschlüssen vor-
rücken können, und eigentlich niemals so recht wissen,
was sie in der oder jener Angelegenheit tun sollen.

Dann können aber auch diese Zustände zu anderen,
schon bedenklicheren führen, indem die Nervosität sich
allmählich immer mehr und mehr in allerlei Krankheitsformen auslebt, für die man eigentlich keine organischen
Ursachen angeben kann, die aber zuweilen organische
Krankheiten in einer täuschenden Weise nachbilden, so
daß man zum Beispiel glauben könnte, ein Mensch habe
etwa ein schweres Magenleiden, während er nur unter
dem leidet, was man recht trivial und nicht bedeutungsvoll zusammenfaßt unter dem Wort «Nervosität». Das
sind Krankheitserscheinungen, unter denen der davon
Betroffene natürlich ebenso leidet, wie wenn sie aus dem
Bereich des Organischen herrührten. Und zahlreiche andere Zustände wären noch anzugeben – wer kennt sie
nicht, wer leidet nicht darunter, sei es, daß er sie selber
hat oder daß sie andere Menschen in seiner Umgebung
haben. Man braucht ja – ich will jetzt nicht auf ein anderes Gebiet abschweifen – nicht gleich so weit zu gehen,
daß man in bezug auf die großen Ereignisse des äußeren
Lebens von einem «politischen Alkoholismus» spricht;

es ist ja in der letzten Zeit gesprochen worden von jener Art und Weise nervösen Treibens in dem öffentlichen Leben wie von einer Art von Gebaren, das sich sonst bei dem einzelnen Menschen eigentlich nur äußert, wenn er eben ein bißchen vom Alkoholismus angestochen ist. Das Wort ist gefallen für die Art und Weise, wie politische Angelegenheiten in den letzten Monaten in Europa getrieben worden sind. Da sehen Sie auch im äußeren Leben etwas, von dem man sagen könnte: Auch da merkt man nicht nur, daß die Nervosität da ist, sondern daß man diese in gewisser Beziehung als recht unbehaglich empfindet. Überall also ist so etwas wie diese Nervosität vorhanden.

Nun wird das, was damit angedeutet ist, ganz gewiß in den nächsten Zeiten für die Menschen nicht besser, sondern immer schlechter und schlechter werden. Gute Aussichten für die Zukunft, wenn die Menschen so bleiben, wie sie jetzt sind, können keineswegs irgendwie gegeben werden. Denn es gibt verschiedene Schädlichkeiten, die unser gegenwärtiges Leben in einer ganz außerordentlichen Weise beeinflussen und die sich, man möchte sagen epidemisch von einem Menschen auf den andern übertragen, so daß nicht nur der, der in dieser Richtung ein wenig krankhaft ist, davon befallen ist, sondern daß auch andere angesteckt werden, die vielleicht nur schwach, aber sonst gesund sind.

Etwas ungeheuer Schädliches für unsere Zeit ist, daß eine große Anzahl von denjenigen Menschen, die in hervorragende Stellungen hineinkommen für das öffentliche Leben, in der Art studieren, wie gegenwärtig studiert wird. Es gibt ja geradezu ganze Zweige des Studiums, wo man, sagen wir so an der Universität lebt, daß man eigentlich das ganze Jahr hindurch ziemlich andere Sachen treibt als das Durchdenken und Durchstudieren dessen, was die Professoren in den Kollegien sagen; man geht ab und zu hinein, aber das, was man für die Prüfungen wissen muß, das eignet man sich in ein paar Wochen an, das heißt, man paukt sich das Nötigste ein. Das Schlimme dabei ist eine solche Einpaukerei. Und da in gewisser Beziehung das Einpauken bis in die niederen Schulen geht, so sind die Übel, die davon kommen, keineswegs so unbedenklich. Das Wesentliche bei dieser Einpaukerei ist, daß ja eine eigentliche Verbindung des Seeleninteresses, des innersten Wesenskernes mit dem, was man sich so einpaukt, gar nicht vorhanden ist. Es herrscht ja sogar auf den Schulen vielfach die Meinung bei den Schülern: Ach, wenn ich nur das, was ich mir aneigne, bald wieder vergessen hätte. – Also jenes vehemente Besitzenwollen dessen, was man sich angeeignet, ist nicht da. Ein geringes Band von Interesse verbindet sozusagen den menschlichen Seelenkern mit dem, was die Menschen annehmen.

Nun ist es gerade die Folge dieser Tatsache, daß eigentlich die Menschen auf diese Art sich gar nicht so entwickeln können, um mit genügender Wirksamkeit in das öffentliche Leben eingreifen zu können, weil sie dadurch, daß sie die Sachen eingepaukt haben, die sie lernen wollen, innerlich mit den Aufgaben ihres Berufes nicht verbunden sind; sie stehen seelisch dem fern, was sie mit ihrem Kopf treiben. Nun gibt es für die gesamte Wesenheit des Menschen kaum etwas Schlimmeres, als wenn man seelisch, mit seinem Herzen dem fernsteht, was der Kopf treiben muß. Das ist nicht nur etwas, was

13

einem feineren, sensitiveren Menschen widerspricht, sondern etwas, was im höchsten Grade die Stärke und Energie des menschlichen Ätherleibes beeinflußt, gerade des Ätherleibes. Der Äther- oder Lebensleib wird immer schwächer und schwächer unter einem solchen Treiben wegen der geringen Verbindung, die besteht zwischen dem menschlichen Seelenkern und demjenigen, was der Mensch treibt. Je mehr der Mensch etwas treiben muß, was ihn nicht interessiert, desto mehr schwächt er seinen Äther- oder Lebensleib.

Nun sollte Anthroposophie auf diejenigen Menschen, welche in einer gesunden Weise sich diese Anthroposophie aneignen, ja so wirken, daß man nicht nur lernt: Der Mensch besteht aus physischem Leib, Ätherleib und so weiter, sondern es sollte diese Anthroposophie so wirken, daß im Menschen in einer gesunden Weise diese einzelnen Glieder der menschlichen Natur stark und kräftig zur Entfaltung kommen.

Wenn nun der Mensch einen sehr einfachen Versuch macht, aber diesen Versuch mit Emsigkeit wiederholt, so kann eine Kleinigkeit geradezu Wunder wirken. Verzeihen Sie, wenn ich heute eben von einzelnen Beobachtungen spreche, von Kleinigkeiten, die aber sehr bedeutende Dinge sein und werden können für das Leben des Menschen. Es hängt nämlich innig zusammen mit dem, was ich eben jetzt charakterisiert habe, die leichte Vergeßlichkeit, die die Menschen zuweilen zeigen. Leichte Vergeßlichkeit, sie ist etwas Unbehagliches im Leben; Anthroposophie kann uns aber auch zeigen, daß diese Vergeßlichkeit etwas im eminentesten Sinne Gesundheitsschädliches ist. Und so sonderbar es klingt, es ist wahr: Viele, geradezu an das stark Krankhafte grenzende Ausbrüche der menschlichen Natur würden vermieden werden, wenn die Menschen weniger vergeßlich wären. Nun können Sie sagen: Sie *sind* eben vergeßlich, die Menschen; wer kann denn – wir werden das leicht uns klarmachen können, wenn wir einen Überblick über das Leben haben –, wer kann ganz und gar sich freisprechen von Vergeßlichkeit? – Nehmen wir einen kleinen, leicht vorkommenden Fall: Ein Mensch ertappt sich bei der Vergeßlichkeit, daß er nie weiß, wohin er die Dinge gelegt hat, die er braucht. Nicht wahr, es ist das etwas, was im Leben vorkommt. Der eine findet nie seinen Bleistift, der andere nie seine Manschettenknöpfe, die er abends abgelegt hat und so weiter. Es sieht sonderbar und banal aus, wenn man über diese Dinge spricht; aber sie kommen doch im Leben vor. Und es gibt nun gerade unter Beobachtung dessen, was wir aus der Anthroposophie lernen können, eine gute Übung, namentlich solche Vergeßlichkeit, wie sie gerade jetzt charakterisiert worden ist, allmählich bei sich zu bessern. Das ist ein sehr einfaches Mittel. Nehmen wir an, eine Dame legt abends meinetwillen eine Brosche oder ein Herr seine Manschettenknöpfe irgendwohin, und er entdeckt, daß er sie am nächsten Morgen nicht mehr findet. Nun könnten Sie ja sagen: Ja gewiß, man könnte sich ja angewöhnen, sie immer an einen und denselben Platz zu legen. Für alle Gegenstände wird man das nicht ausführen können; aber davon wollen wir auch im gegenwärtigen Moment nicht sprechen, sondern von einer viel wirksameren Art sich zu kurieren. Nehmen wir an, ein Mensch, der seine Vergeßlichkeit bei sich bemerkt, der würde, um sich davon zu kurieren, sagen: Ich will jetzt die betreffenden Gegenstände, die ich wiederfinden will, gerade an recht verschiedene Orte legen; ich will aber niemals einen Gegenstand anders an einen bestimmten Ort legen, als indem ich den Gedanken entwickele: Ich habe den Gegenstand an diesen Ort gelegt, ich merke mir das Bild der Umgebung nach Form, Farbe und so weiter, und ich versuche, mir das einzuprägen. Nehmen wir an, wir legen eine Sicherheitsnadel an eine Tischkante, wo eine Ecke ist; wir legen sie mit dem Gedanken hin: Ich lege diese Nadel an diese Kante hin, und ich präge mir als ein Bild den rechten Winkel ein, der sich darum herum zeigt dadurch, daß die Nadel an zwei Seiten von Kanten umgeben ist und so weiter. Nun gehe ich beruhigt von der Sache weg, und ich werde sehen – wenn ich das nur einmal mache, gelingt es mir vielleicht zunächst noch nicht in allen Fällen, die Sache wiederzufinden, aber wenn ich das öfter mache, wenn ich es mir zur Regel mache, meine Sachen mit solchen Gedanken hinzulegen –, daß meine Vergeßlichkeit nach und nach immer mehr und mehr schwindet. Dies beruht darauf, daß ein ganz bestimmter Gedanke gefaßt worden ist – der Gedanke: Ich lege die Nadel dorthin – und dadurch mein Ich in Verbindung gebracht worden ist mit dem Tun, mit dem, was ich ausführe, und dem noch ein Bild hinzugefügt wird. Klare Bildlichkeit im Denken, bildhaftes Vorstellen dessen, was ich tue, und außerdem, daß ich das Tun in Verbindung bringe mit meinem geistigseelischen Wesenskern, mit meinem Ich, – das ist dasjenige, was unser Gedächtnis ganz wesentlich schärfen kann. Wir können auf diese Weise schon den einen Nutzen für das Leben haben, daß wir weniger vergeßlich werden. Man brauchte vielleicht gar nicht einmal besonders viel Wesens davon zu machen, wenn nur das erreicht werden könnte, es kann aber dadurch viel mehr erreicht werden.

Nehmen wir an, es würde eine Art von gewohnheitsmäßigem Gebrauch unter den Menschen, solche Gedanken zu hegen beim Ablegen bestimmter Gegenstände, so würde einfach durch diesen Gebrauch eine Stärkung des menschlichen Ätherleibes hervorgerufen. Der menschliche Ätherleib wird dadurch, daß man so etwas macht, tatsächlich immer mehr und mehr konsolidiert, immer stärker und stärker und stärker. Wir haben aus der Anthroposophie gelernt, daß der Äther- oder Lebensleib in einer gewissen Weise als Träger des Gedächtnisses uns zu gelten hat. Tun wir etwas, was die Gedächtniskräfte stärkt, so können wir es von vornherein begreifen, daß eine solche Stärkung der Gedächtniskräfte unserem Äther- oder Lebensleibe von Nutzen ist. Als Anthroposophen brauchen wir uns nicht darüber zu wundern. Nehmen Sie einmal an, Sie würden eine solche Methode nicht nur einem vergeßlichen Menschen raten, sondern einem solchen Menschen, der Zustände von Nervosität zeigt. Nehmen Sie an, Sie raten einem zappeligen oder nervösen Menschen, er solle die Übung machen, das Ablegen von Gegenständen mit solchen Gedanken zu begleiten, wie sie eben charakterisiert worden sind, so werden Sie sehen, daß er durch ernsthaftes Üben nicht nur weniger vergeßlich wird, sondern daß er auch durch die Stärkung seines Ätherleibes allmählich fähig wird, seine nervösen Zustände zu überwinden. Da haben Sie durch das Leben den Beweis geliefert, daß die Dinge richtig sind, die die Anthroposophie vom Ätherleibe sagt. Wenn wir uns in der entsprechenden Weise gegen den Ätherleib verhalten, dann zeigt sich, daß er Kräfte annimmt. In der Erreichung solcher Erfolge können wir einen Beweis erblicken für die Richtigkeit der Annahme und der Charakterisierung des Ätherleibes.

Gehen wir zu einer anderen Sache über, die wiederum scheinbar eine Kleinigkeit ist, die aber doch außerordentlich wichtig ist. Sie wissen, daß unmittelbar aneinandergrenzen in der menschlichen Wesenheit das, was wir nennen den physischen Leib und den Ätherleib. Der Ätherleib ist unmittelbar in den physischen eingeschaltet, das heißt, sie durchdringen sich innig. Nun können Sie in unserer heutigen Zeit eine Eigentümlichkeit beobachten, die gar nicht so selten ist, für deren Bestehen die Menschen, an denen man sie beobachtet, meistens nichts können. Indem wir diese Beobachtung machen und eine gesunde, mitleidige Seele in der Brust tragen, werden wir gerade Mitleid mit diesen Menschen haben, an denen wir eine solche Beobachtung machen können. Oder haben Sie noch nie zum Beispiel Beamte am Postschalter sitzen sehen oder andere vielschreibende Leute gesehen, welche ganz eigentümliche Bewegungen machen, bevor sie ansetzen, einen Buchstaben zu schreiben, die erst in der Luft eine Art Anlauf mit der Feder vollführen, bevor sie zum Schreiben ansetzen. Es braucht nicht einmal bis dahin zu kommen, denn das ist schon die Anlage zu einem üblen Zustand, wenn die Menschen in ihrem Beruf so etwas machen; es kann dabei bleiben – beobachten Sie es einmal –, daß die Menschen, wenn sie schreiben, sich erst sozusagen einen gewissen Ruck geben müssen zu jedem Strich und in der Tat ruckweise schreiben, nicht gleichmäßig hinauf- und herunterfahren, sondern ruckweise. Sie können das den Schriften ansehen, die so geschrieben sind.

Wir könnten einen solchen Zustand nun aus den geisteswissenschaftlichen Erkenntnissen heraus in der folgenden Art begreifen. Bei dem vollständig gesunden Menschen – gesund in bezug auf den physischen und Ätherleib – muß nämlich der Ätherleib, der vom astralischen Leib dirigiert wird, immer die absolute Fähigkeit haben, in den physischen Leib einzugreifen, und der physische Leib muß überall, in allen seinen Bewegungen, ein Diener, ein Werkzeug des Ätherleibes sein können. Wenn der physische Leib auf eigene Rechnung Bewegungen ausführt, die über das hinausgehen, was eigentlich die Seele wollen kann, was der ätherische und der astralische Leib wollen, dann ist das ein ungesunder Zustand, ein Übergewicht des physischen Leibes über den ätherischen Leib ist dann vorhanden. Bei all denjenigen, welche die eben beschriebenen Zustände haben, haben wir es mit einer Schwäche des ätherischen Leibes zu tun, die darin besteht, daß er den physischen Leib nicht mehr vollständig dirigieren kann. Dieses Verhältnis des ätherischen Leibes zum physischen Leibe liegt ja aus okkulter Sicht allen Krampfzuständen zugrunde. Diese hängen im wesentlichen damit zusammen, daß der ätherische Leib eine geringere Herrschaft über den physischen Leib ausübt, als er ausüben sollte, daher dominiert der physische Leib und führt auf eigene Faust allerlei Bewegungen aus, während ein Mensch, der in bezug auf seine Wesensglieder gesund ist, mit seinen Bewegungen dem Willen des ätherisch-astralischen Leibes unterstellt ist.

Nun gibt es wiederum eine Möglichkeit, wenn dieser Zustand nicht gar zu sehr überhandgenommen hat bei einem Menschen, ihm zu helfen; nur muß man eben mit den okkulten Tatsachen rechnen. Man muß damit rechnen, daß der ätherische Leib als solcher gestärkt werden muß. Man muß gewissermaßen glauben an die Existenz und an die Stärkungsfähigkeit des Ätherleibes. Nehmen Sie an, ein armer Mensch habe sich wirklich so ruiniert, daß er mit den Fingern fortwährend zappelt, bevor er einen Ansatz zum Schreiben dieser oder jener Buchstaben macht. Nun wird es unter allen Umständen gut sein, wenn man dem Menschen den Rat gibt: Ja, nimm dir Urlaub, schreib eine Zeitlang weniger und du wirst über eine solche Sache wegkommen. – Aber dieser Rat ist nur ein halber Rat; denn viel mehr könnte man tun, wenn man dem Menschen zugleich noch einen andern, den zweiten Teil des Rates dazu gäbe, wenn man ihm riete: Und bemühe dich – ohne daß du dich dabei anstrengst, täglich eine viertel oder eine halbe Stunde genügen dazu –, bemühe dich, eine andere Schrift anzunehmen, deine Schriftzüge zu ändern, so daß du genötigt bist, nicht mechanisch so zu schreiben wie bisher, sondern achtzugeben, wie du die Buchstaben formst. Sagen wir, während du sonst in der Weise das F schreibst, schreib es nun steiler und in ganz anderer Form, so daß du achtgeben mußt. Gewöhne dir an, die Buchstaben sorgfältig zu malen.

Wenn sich Geisteserkenntnis mehr verbreiten würde, so würden die Prinzipale, wenn ein solcher Armer zurückkommt vom Urlaub und sich eine andere Schrift angewöhnt hat, auch nicht sagen: Was bist du für ein verrückter Kerl, du hast ja eine ganz andere Schrift. Ein anthroposophischer Chef würde einsehen, daß dies ein wesentliches Heilmittel ist. Der Mensch ist nämlich gezwungen, wenn er seine Schrift ändert, Aufmerksamkeit auf das zu verwenden, was er tut; und Aufmerksamkeit zu verwenden auf das, was man tut, heißt immer, seinen innersten Wesenskern mit seinem Tun in innigen Zusammenhang zu bringen. Alles das, was unseren innersten Wesenskern in Zusammenhang mit dem bringt, was wir tun, stärkt unseren Äther- oder Lebensleib, und wir werden dadurch gesündere Menschen. Und es wäre gar nicht einmal so töricht, wenn man geradezu systematisch in der Erziehung und in der Schule hinarbeiten würde auf eine Stärkung des Ätherleibes schon in der Jugend. Da muß Anthroposophie heute schon einen Vorschlag machen, der noch lange nicht ausgeführt werden wird, weil Anthroposophie noch lange bei den maßgebenden Faktoren, die die Erziehung zu leiten haben, als irgend etwas Verrücktes gelten wird; aber das macht nichts. Nehmen wir an, man würde, wenn man die Kinder schreiben lehrt, ihnen eine gewisse Schriftlage zunächst beibringen und dann darauf sehen, nachdem sie ein paar Jahre so geschrieben haben, daß sie einmal den Schriftcharakter ändern ohne andern Anlaß, so würde ein solches Ändern des Schriftcharakters und die verstärkte Aufmerksamkeit, die dabei geltend gemacht werden muß, einen ungeheuer stärkenden Einfluß auf den sich entwickelnden Ätherleib haben, und es würden bei diesen Menschen im späteren Leben weniger nervöse Zustände auftreten.

So sehen Sie, daß man durchaus im Leben etwas tun kann, um seinen Äther- oder Lebensleib zu stärken, und das ist von einer außerordentlichen Wichtigkeit; denn gerade die Schwäche des Äther- oder Lebensleibes ist es, die zahlreiche wirklich ungesunde Verhältnisse in unserer Gegenwart herbeiführt. Es darf sogar gesagt werden – denn es ist wahrhaftig nicht zuviel gesagt –, daß auch gewisse Krankheitsformen, die ja in Dingen begründet sein können, gegen die zunächst nichts zu machen ist, ganz anders verlaufen würden, wenn der Ätherleib stärker wäre, als sie verlaufen bei dem geschwächten Ätherleib, der geradezu ein Kennzeichen des gegenwärtigen Menschen ist. Damit haben wir schon auf etwas hingewiesen, was man Bearbeitung des Ätherleibes nennen kann. Wir wenden gewisse Übungen zur Stärkung des Ätherleibes an. Auf etwas, was man geradezu ableugnet, auf etwas, was nicht da ist, kann man keine Übungen anwenden. Indem man zeigt, daß es nützlich ist, gewisse Übungen auf den Ätherleib anzuwenden, und beweisen kann, daß diese Übungen eine Wirkung haben, zeigt man, daß so etwas wie der Ätherleib vorhanden ist. Das Leben liefert überall die entsprechenden Beweise für das, was Anthroposophie zu geben hat.

Unseren Ätherleib kann auch wesentlich stärken, wenn wir noch etwas anderes tun zur Aufbesserung unseres Gedächtnisses. Das ist ja in anderem Zusammenhange vielleicht auch hier schon erwähnt worden, aber es soll hier wiederholt werden, denn bei allen Krankheitsformen, bei denen Nervosität mitspielt, sollte man zu diesen Ratschlägen greifen können. Man kann ungeheuer viel tun zur Stärkung des Äther- oder Lebensleibes, wenn man Dinge, die man weiß, nicht nur in Gedanken so durchläuft, wie man sie gewöhnlich weiß, sondern wenn man sie rückwärts durchläuft. Sagen wir zum Beispiel, man muß in der Schule eine Reihenfolge von Zeitereignissen lernen, von Schlachten oder Herrschern mit den dazugehörigen Jahreszahlen. Außerordentlich gut ist es nun, wenn man diese nicht nur lernen läßt oder selbst lernt in der Reihenfolge, die die ordentliche ist, sondern auch die Sache sich aneignet in der umgekehrten Reihenfolge, indem man alles sich vorführt von hinten nach vorne. Das ist eine außerordentlich wichtige Sache. Denn wenn wir in einem umfassenderen Maße so etwas machen, tragen wir wiederum bei zu einer ungeheuren Stärkung unseres Ätherleibes. Ganze Dramen von rückwärts nach vorne, das, was wir gelesen haben an Erzählungen oder dergleichen, vom Ende nach vorne durchdenken, das sind Dinge, die im höchsten Grade für die Konsolidierung des Ätherleibes von Wichtigkeit sind.

Nun werden Sie so ziemlich von allem, was bis jetzt als besonders gut und wirksam für die Stärkung des Ätherleibes genannt worden ist, im heutigen Leben erfahren können, daß man es nicht tut, daß man es gar nicht oder nicht mit der erforderlichen Regelmäßigkeit anwendet. Man hat ja auch gar nicht viel Gelegenheit im gegenwärtigen rastlosen Treiben des Tages zu jener inneren Ruhe zu kommen, um solche Übungen auszuführen. Der Mensch ist gewöhnlich, wenn er in einem Berufe steht, abends so ermüdet, so abgehetzt, daß er nicht noch daran denkt, wo er seine Sachen hinlegt oder mit welchen Überlegungen. Wenn aber die Geisteswissenschaft in die Herzen und Seelen der Menschen wirklich eindringen wird, dann wird man sehen, daß unendlich vieles von dem, was heute geschieht, eigentlich erspart werden könnte, und daß die Zeit, in der solche stärkenden Übungen vorgenommen werden können, eigentlich im Grunde genommen doch für jeden Menschen schon zu gewinnen ist. Man wird ja sehr bald merken, wenn man insbesondere auf dem Gebiet der Erziehung auf solche Dinge Sorgfalt legt, daß dann ungeheuer günstige Resultate die Folge davon sind.

Noch eine Kleinigkeit sei erwähnt, die allerdings im späteren Leben nicht mehr soviel nützt, aber wenn der Mensch sie in früher Jugend nicht gepflegt hat, so ist es gut, wenn er sie im späteren Leben treibt. Das ist, daß wir gewisse Dinge, die wir vollbringen – gleichgültig ob die Dinge, die wir vollbringen, eine Spur hinterlassen oder nicht –, zugleich anschauen. Bei dem, was man schreibt, läßt sich das verhältnismäßig leicht machen. Ich bin überzeugt, daß mancher eine scheußliche Schrift sich abgewöhnen würde, wenn er versuchte, Buchstaben für Buchstaben anzuschauen von dem, was er geschrieben hat, wirklich das Auge noch einmal über das schweifen zu lassen, was er geschrieben hat. Beim Schreiben läßt es sich verhältnismäßig ganz gut ausführen, das, was man tut, zu gleicher Zeit anzuschauen. Aber übungsweise ist auch noch etwas anderes gut, das aber nicht lange fortgesetzt werden sollte. Das ist, wenn der Mensch versucht, sich zuzuschauen, wie er geht, wie er die Hand bewegt, seinen Kopf bewegt, bei der Art und Weise, wie er lacht und so weiter, kurz, wenn er versucht, sich von seinen Gebärden eine bildhafte Rechenschaft zu geben. Die wenigsten Menschen nämlich – davon können Sie sich durch genügende Lebensbeobachtung überzeugen – wissen eigentlich, wie sie gehen. Die wenigsten haben eine Vorstellung davon, wie es aussieht, wenn man das Auge auf sie richtet, während sie gehen. Es ist aber gut, so etwas zu tun, um so von der Wirkung seines Tuns eine Vorstellung zu gewinnen. Es darf aber, wie gesagt, nicht immer fortgesetzt werden, sonst trägt es zu stark zur menschlichen Eitelkeit bei. Abgesehen davon, daß wir ganz sicher viel an uns korrigierten, wenn wir eine solche Sache im Leben anwendeten, ist diese Übung wiederum von ungeheuer günstiger Wirkung auf die Konsolidierung des Äther- oder Lebensleibes und auch auf die Beherrschung des Ätherleibes durch den astralischen Leib. Wenn der Mensch seine Gebärden beobachtet, wenn er das anschaut, was er tut, sich eine Vorstellung von seinen Taten macht, so hat er den Erfolg, den Nutzen, daß die Herrschaft seines astralischen Leibes über den Ätherleib eine immer stärkere und stärkere wird. Dadurch kommt der Mensch in die Lage, wenn es nötig ist, auch einmal etwas mit Erfolg zu unterdrücken, zum Beispiel gewisse Handlungen oder Bewegungen willkürlich zu unterlassen oder anders zu machen als es in seiner Gewohnheit liegt. Es gehört gerade zu den größten Errungenschaften des Menschen, Dinge, die man tut, unter Umständen auch anders machen zu können. Es soll ja hier gewiß nicht entwickelt werden eine, sagen wir, Schule des Schriftverstellens; denn heute lernen eigentlich die Menschen die Schriftzüge nur dann anders zu gestalten, wenn sie das zu etwas Unrechtem anwenden wollen. Aber es ist, wenn man sich dabei vornimmt, durchaus ehrlich zu bleiben, für die Konsolidierung des Ätherleibes gut, einmal andere Schriftzüge anzunehmen. Es ist aber überhaupt gut, sich die Fähigkeit anzueignen, diese oder jene Verrichtung, die man vorzunehmen hat, auch einmal anders machen zu können, durchaus nicht darauf angewiesen sein zu müssen, daß man die Sache nur in einer Weise machen muß. Und so braucht ja der Mensch durchaus nicht gleich ein fanatischer Anhänger der gleichen Benützbarkeit der linken und der rechten Hand zu sein; aber wenn er doch in einer mäßigen Weise versucht, wenigstens gewisse Verrichtungen auch mit der linken Hand vornehmen zu können, die er sonst mit der rechten macht – er braucht das nicht weiter zu treiben, als daß er eben einmal imstande ist, das zu tun –, so übt das einen günstigen Einfluß aus auf die Herrschaft, die unser astralischer Leib auf den ätherischen ausüben soll. Stärkung des Menschen in dem Sinne, wie sie gegeben werden kann durch geisteswissenschaftliche Einsicht, das gehört zu dem, was unserer Kultur gebracht werden soll durch die Verbreitung der Geisteswissenschaft.

Und namentlich ist ja das von einem großen Belang, was man nennen könnte die Willenskultur. Es ist ja schon hervorgehoben worden, daß Nervosität sich vielfach gerade darin ausdrückt, daß die Menschen in der heutigen Zeit oftmals nicht recht wissen, wie sie eigentlich dazu kommen sollen, das wirklich zu tun, was sie eigentlich zu tun wünschen. Sie schrecken zurück, das auszuführen, was sie sich vorgenommen haben, sie kommen zu nichts Rechtem und dergleichen. Das, was wir als eine gewisse Willensschwäche auffassen können, das beruht auf einer geringen Herrschaft des Ichs über den astralischen Leib. Da ist immer eine ungenügende Beherrschung des astralischen Leibes durch das Ich vorhanden, wenn eine so geartete Willensschwäche eintritt, daß die Menschen etwas wollen und doch wiederum es nicht wollen oder wenigstens nicht dazu kommen, wirklich auch auszuführen, was sie wollen. Manche kommen nicht einmal dazu, das ernstlich zu wollen, was sie wollen sollen. Nun gibt es ein einfaches Mittel, den Willen zu stärken für das äußere Leben, und dieses Mittel ist, Wünsche, die vorhanden sind, zu unterdrücken, sie nicht zur Ausführung zu bringen, selbstverständlich, wenn die Nichtausführung der Wünsche keinen Schaden bringt. Wenn man sich prüft im Leben, so wird man schon vom Morgen bis zum Abend zahllose Dinge finden, die man wünscht, von denen es zwar nett wäre, wenn sie einem erfüllt würden, aber man wird auch zahlreiche solche Wünsche finden, bei denen man auch auf die Erfüllung Verzicht leisten kann, ohne daß einem selbst oder jemand anderem Schaden zugefügt wird, und ohne daß man eine Pflicht verletzt, Wünsche, deren Befriedigung einem vielleicht Freude macht, die aber ganz gut auch unbefriedigt bleiben können. Wenn man systematisch darauf ausgeht, unter mancherlei Wünschen auch solche zu finden, von denen man sagt: Nein, der Wunsch soll jetzt nicht erfüllt werden – man darf nur die Sache nicht am unrechtesten Ort anfassen, sondern es muß so etwas sein, was keinen Schaden bringt, was durch die Erfüllung weiter nichts bringt als Behaglichkeit, Freude, Lust –, wenn man solche Wünsche systematisch unterdrückt, dann bedeutet jede Unterdrückung irgendeines kleinen Wunsches einen Zufluß an Willensstärke, an Stärkung des Ich gegenüber dem astralischen Leib. Und wir werden, wenn wir im späteren Leben noch uns einer solchen Prozedur der Selbsterziehung unterwerfen, in dieser Beziehung manches nachholen können, was ja auch die Jugenderziehung gegenwärtig vielfach vernachlässigt.

Nun ist es ja im Grunde genommen schwierig, pädagogisch gerade auf dem Gebiet, das jetzt charakterisiert worden ist, zu wirken; denn man muß auch berücksichtigen, daß, wenn man selbst, sagen wir, als Erzieher in der Lage ist, irgendwelchen auftretenden Wunsch des zu erziehenden Kindes oder jungen Menschen zu befriedigen und man ihm den Wunsch versagt, daß man dann nicht nur einen Wunsch versagt, sondern auch eine Art Antipathie des Zöglings herbeiführt. Das kann aber in pädagogischer Hinsicht schlimm sein. So daß man vielleicht sagen könnte, es erscheint denn doch etwas zweifelhaft, in die Erziehungsprinzipien die Nichterfüllung der Wünsche der Zöglinge einzuführen, wenn man dadurch eine Antipathie der Zöglinge erweckt. Da steht man sozusagen vor einer Lebensklippe. Wenn ein Vater dadurch seinen Jungen erziehen will, daß er sagt: Nein, Karl, das bekommst du nicht, – so wird er doch in stärkerem Maße das erreichen, daß der Junge eine Abneigung gegen ihn hat, als daß er die gute Wirkung erreicht, die durch die Nichterfüllung der Wünsche erzielt werden könnte. Da kann man fragen: Was soll man da machen? – Es gibt ein sehr einfaches Mittel, man versagt nämlich nicht dem Zögling die Wünsche, sondern sich selber, aber so, daß der Zögling gewahr wird, daß man sich dieses oder jenes versagt. Nun herrscht ja in den ersten sieben Jahren des Lebens, aber auch später noch als Nachwirkung, ein starker Nachahmungstrieb, und wir werden sehen, wenn wir uns in Gegenwart derer, die wir zu erziehen haben, dieses oder jenes deutlich bemerkbar versagen, daß sie das nachmachen, wenn auch vielleicht unbewußt, daß sie es als etwas Erstrebenswertes empfinden. Damit werden wir etwas ungeheuer Bedeutungsvolles erreichen.

So sehen wir, wie unsere Gedanken nur in der richtigen Weise gelenkt und geleitet zu werden brauchen durch das, was uns Geisteswissenschaft gibt. Dann wird Geisteswissenschaft nicht nur Theorie, dann wird sie Lebensweisheit werden, wirklich etwas, was uns trägt und führt im Leben.

Ein sehr wichtiges Mittel, die Herrschaft unseres Ichs über den astralischen Leib zu stärken, ist nun das, was man lernen kann aus den zwei öffentlichen Vorträgen, die ich hier gehalten habe. Das Eigenartige dieser zwei Vorträge war, daß das angeführt worden ist, was sich für und das, was sich wider eine Sache sagen läßt. Wenn Sie nun prüfen, wie die Menschen mit ihren Seelen sich in das Leben hineinstellen, so werden Sie sehen, daß die Menschen meistens, wenn sie handeln oder denken, eigentlich immer nur das eine sagen, was sich für oder was sich gegen eine Sache sagen läßt. Das ist das Gewöhnliche. Aber es gibt gar keine Sache im Leben, für die es ein absolutes Für oder Wider gäbe, keine einzige Sache. Für alles gibt es ein Für *und* ein Wider; und für alle Sachen ist es gut, wenn wir uns angewöhnen, sie so zu behandeln, daß wir nicht nur das eine, sondern auch das andere, nicht nur das Für *oder* das Wider, sondern das Für *und* das Wider berücksichtigen. Auch bei den Dingen, die wir tun, ist es gut, sich vorzuführen, warum wir sie unter gewissen Umständen besser unterließen, oder überhaupt, sich klarzumachen, daß es auch Gründe dagegen gibt. Die Eitelkeit und der Egoismus sprechen in vieler Beziehung dagegen, sich für etwas, was man tun will, die Gegengründe anzuführen, denn die Menschen möchten gar zu gerne nur gute Menschen sein; und man kann sich so recht das Zeugnis ausstellen, ein guter Mensch zu sein, wenn man nur das tut, wofür sich viel sagen läßt und das unterläßt, wo etwas dagegenspricht. Es ist etwas unbequem, daß man eigentlich fast gegen alles, was man im Leben tut, auch vieles einwenden kann. Man ist nämlich gar nicht so – ich sage das, weil es für das Leben außerordentlich wichtig ist –, gar nicht so gut, als man glaubt. Aber diese allgemeine Wahrheit hat erst dann einen Zweck, wenn man sich wirklich bei den einzelnen Dingen, die man tut – auch dann, wenn man sie ausführt, weil eben das Leben sie fordert –, auch das vor Augen führt, was zu ihrer Unterlassung führen könnte. Was man dadurch erreicht, können Sie sich in folgender einfacher Weise vor die Seele führen: Sie werden gewiß schon Menschen begegnet sein, die in der Weise willensschwach sind, daß sie eigentlich am liebsten selber sich gar nicht zu etwas entschlössen, sondern immer gerne hätten, daß ein anderer für sie den Entschluß faßt, und sie nur auszuführen haben, was sie tun sollen. Sie wälzen gleichsam die Verantwortung ab, fragen lieber, was sie tun sollen, als daß sie selbst die Gründe zu diesem oder jenem Tun finden. Nun, ich führe diesen Fall nicht deshalb an, um ihn selbst als bedeutungsvoll in diesem Augenblick hinzustellen, sondern um etwas anderes zu gewinnen.

Nehmen wir einen solchen Menschen, der gerne andere fragt – aber das kann auch so aufgefaßt werden, daß das, was ich gesagt habe, etwas ist, wogegen sich viel vorbringen läßt, es läßt sich auch viel dafür sagen, man kann fast nichts im Leben aussprechen, ohne daß es in gewisser Weise widerlegt werden könnte –, nehmen wir solch einen Menschen, der gerne andere fragt. Er steht zwei Menschen gegenüber, die ihm Ratschläge in derselben Sache geben. Der eine sagt: Ja, tue das, – der andere sagt: Tue es nicht! – Da werden wir sehen im Leben, daß der eine Berater den entschiedenen Sieg erringt über den andern Berater. Der, der einen stärkeren Willen hat, der erringt mit seiner Meinung den Sieg und beeinflußt den Fragenden. Was für eine Erscheinung haben wir da eigentlich vorliegen? So unbedeutend es auch aussieht, es ist eine höchst bedeutungsvolle Erscheinung. Wenn ich zwei Menschen gegenüberstehe, von denen der eine sagt Ja, der andere Nein, und ich führe das Ja aus, so wirkt der Wille des einen Beraters in mir weiter, seine Willensstärke hat sich so geltend gemacht, daß sie mich zu meiner Tat erkraftete. Seine Willensstärke hat über den Willen des anderen Beraters den Sieg davongetragen, die Stärke also eines Menschen hat in mir gesiegt. Nehmen Sie einmal an: wenn ich jetzt nicht zwei andern Leuten gegenüberstehe, von denen der eine Ja und der andere Nein sagt, sondern wenn ich ganz allein dastehe und mir im eigenen Herzen das Ja oder Nein vorführe und mir dabei die Gründe anführe, wenn kein anderer zu mir

31

kommt, sondern ich mir selber die Gründe für das Ja oder Nein anführe, und dann hingehe und sie ausführe, weil ich mir Ja gesagt habe, dann hat das eine starke Kraft entfaltet, aber jetzt in mir selber. Was früher der andere in mir ausgeübt hat, das habe ich jetzt selber getan und dadurch eine Stärke in meiner Seele ausgebildet. So daß also, wenn man sich innerlich vor eine Wahl stellt, man ja eine Stärke über eine Schwäche siegen läßt. Und das ist deshalb ungeheuer wichtig, weil es wiederum die Herrschaft des Ich über den astralischen Leib in ganz ungeheurer Weise stärkt. Das ist nun überhaupt etwas, was man nicht als eine Unbequemlichkeit betrachten soll, das Für und Wider in allen einzelnen Fällen, wo es nur sein kann, wirklich ernst zu prüfen. Man wird sehen, daß man für die Stärkung seines Willens sehr viel tut, wenn man in dieser Weise auszuführen sucht, was eben charakterisiert worden ist.

Aber diese Sache hat auch eine Schattenseite, nämlich die, daß statt der Stärkung des Willens eine Schwächung eintreten kann, wenn man dann, nachdem man so die Gründe für oder wider eine Sache in sich geltend gemacht hat, nun – statt unter dem Einfluß des einen oder des anderen Grundes zu handeln – aus Nachlässigkeit gar nichts tut, weder dem einen noch dem anderen Grund folgt. Man ist dann scheinbar dem Nein gefolgt, aber in Wirklichkeit ist man bloß faul gewesen. Es wird gut sein – wenn man bis zu diesem Grade Geisteswissenschaft berücksichtigt –, daß man ein solches Vor-sich-Hinstellen des Für oder Wider nicht dann vornimmt, wenn man ermüdet ist und eine Entscheidung nicht dann trifft, wenn man in irgendeiner Weise ermattet ist, sondern zu warten, bis man sich stark genug fühlt und weiß: Du bist jetzt nicht ermattet, du kannst wirklich dem folgen, was du als Für oder Wider vor deine Seele stellst. Also man muß auf sich selbst achtgeben, damit man zur rechten Zeit solche Dinge vor seine Seele stellt.

Ferner gehört zu denjenigen Dingen, die im eminentesten Sinne die Herrschaft unseres Ichs über unseren astralischen Leib stärken, wenn wir alles dasjenige von unserer Seele wegweisen, was einen Gegensatz zwischen uns und der übrigen Welt aufrichtet, zwischen uns und unserer Umgebung, das sollte zu den Selbstverpflichtungen gehören, die sich der Anthroposoph auferlegt. Nicht etwa soll man berechtigte Kritik vermeiden; wenn die Kritik eine sachliche ist, so wäre es natürlich eine Schwäche, das Schlechte für gut auszugeben. Das soll man gar nicht tun. Aber man muß unterscheiden lernen zwischen dem, was man um seiner selbst willen tadelt, und dem, was man wegen seines Einflusses auf die eigene Persönlichkeit unbequem findet und benörgelt. Je mehr man sich angewöhnen kann, unabhängig zu machen die Beurteilung namentlich unserer Mitmenschen von der Art und Weise, wie sie sich zu uns stellen, je mehr man das kann, desto besser ist es für die Stärkung unseres Ichs in bezug auf seine Herrschaft über den astralischen Leib. Nicht um sich die Finger abzulecken und zu sagen: Du bist ein guter Mensch, wenn du deinen Mitmenschen nicht kritisierst –, sondern um sein Ich zu stärken, ist es gut, sich die Entsagung aufzuerlegen, die Dinge, die man nur deshalb übel findet, weil sie einem selber unangenehm sind, nicht übel zu finden und, gerade auf dem Gebiet, wo es sich um Menschenbeurteilung handelt,

33

das Urteil lieber nur dort auszusprechen, wo man selber gar nicht in Frage kommt. Man wird finden, daß das als theoretischer Grundsatz sich leicht ausnimmt, daß es aber im Leben außerordentlich schwierig auszuführen ist. Es ist gut, wenn man zum Beispiel bei einem Menschen, der einen angelogen hat, mit seiner Antipathie gegen ihn zurückhält. Es handelt sich nicht darum, zu andern zu gehen und weiterzuerzählen, daß er uns angelogen hat, sondern es muß sich darum handeln, das Gefühl der Antipathie zurückzuhalten. Das, was wir an dem Menschen bemerken können an dem einen oder anderen Tag, wie seine eigenen Handlungen zusammenstimmen, das können wir sehr wohl zur Bildung eines Urteils über den Betreffenden gebrauchen. Wenn einer einmal so, das andere Mal anders redet, dann brauchen wir nur das, was er selber sagt, zu vergleichen, dann haben wir eine ganz andere Unterlage zu seiner Beurteilung, als wenn wir nur sein Verhalten uns selbst gegenüber betonen. Es ist wichtig, daß man die Dinge für sich selbst sprechen läßt und die Menschen nicht nach einzelnen Handlungen beurteilt, sondern nach dem, wie ihre Handlungen zusammenstimmen. Man wird schon finden, daß selbst bei demjenigen, den man für einen ausgepichten Schurken hält, der niemals etwas anderes als Böses tut, daß man selbst bei einem solchen sehr viel findet, was dem widerspricht, was er selbst sonst tut. Wir brauchen gar nicht sein Verhalten zu uns selbst ins Auge zu fassen, man kann von sich selbst absehen und sich den Menschen in seinem eigenen Verhalten vor die Seele stellen, wenn es überhaupt nötig ist, ein Urteil über ihn zu fällen. Gut ist es zur Stärkung des Ichs, darüber nachzudenken, daß wir einen großen Teil, neun Zehntel der Urteile, die wir fällen, in allen Fällen unterlassen können. Wenn man nur ein Zehntel von den Urteilen, die man über die Welt fällt, in seiner Seele erlebt, so genügt das reichlich für das Leben. Es wird das Seelenleben in keiner Weise beeinträchtigt dadurch, daß wir uns versagen, die übrigen neun Zehntel der Urteile zu fällen.

Ich habe Ihnen heute scheinbar Kleinigkeiten angeführt; aber solche Dinge zu betrachten, muß auch ab und zu unsere Aufgabe sein. Denn gerade durch solche Dinge kann gezeigt werden, wie das Kleine in seinen Wirkungen groß ist, wie sozusagen wir an ganz andern Enden das Leben anfassen müssen, wenn wir unsere Leibeshüllen gesund und kräftig gestalten wollen, anders, als man es gewöhnlich anfaßt. Es ist doch nicht immer das Richtige, daß man sagt, wenn einer krank ist, soll man ihn in die Apotheke schicken, da wird er die richtige Medizin finden, die er braucht. – Das Richtige wird sein, das ganze Leben so einzurichten, daß die Menschen überhaupt weniger von Krankheiten befallen werden, oder daß die Krankheiten weniger drückend sind. Sie werden weniger drückend sein, wenn durch solche kleinen Übungen der Mensch den Einfluß des Ichs auf den Astralleib, des Astralleibes auf den Ätherleib und des Ätherleibes auf den physischen Leib stärkt. Selbsterziehung und Einwirkung auf die Erziehung sind Dinge, die aus unserer anthroposophischen Grundüberzeugung hervorgehen können.

Zu dieser Ausgabe: Ein äußerer Anlaß für diesen Vortrag ist nicht bekannt, doch mag der folgende Brief, der am 8. November 1911 an Rudolf Steiner gerichtet wurde, damit in Zusammenhang stehen:

«Hochverehrter Herr Doktor! Sie werden sich kaum noch erinnern, daß ich Sie am 19. Juli dieses Jahres um Ihren freundlichen Rat bat, wie ich bei meiner Nervosität lernen könnte, meine Gedanken zu beherrschen. Sie empfahlen mir damals, jeden Tag eine angemessene Zeit deutsche Gedichte oder Ähnliches von hinten aufzusagen. Nach einigen Monaten sollte ich Ihnen über den Erfolg berichten, und Sie wollten dann die Güte haben, weitere Ratschläge zu erteilen. – Ich habe diese Übungen regelmäßig gemacht. Da mir die deutschen Gedichte bald ausgingen, so conjugierte ich griechische unregelmäßige Verben von hinten durch und sagte Geschichtstabellen von hinten her. – Der Erfolg war offensichtlich; und ich bin Ihnen, verehrtester Herr Doktor, für Ihren freundlichen Rat außerordentlich dankbar. Zwar ist der Erfolg noch in den Anfängen, doch komme ich schon jetzt über die mich früher beherrschenden und niederdrückenden Gedanken ganz anders hinweg als sonst. – Würden Sie nun wohl die Güte haben, meinem Schwager oder meiner Schwägerin, welche Ihnen diesen Brief übergeben, mündlich eine weitere Verhaltensmaßregel oder eine neue Übung mitzugeben, welche diese mir dann freundlichst berichten wollen! – Mit nochmaligem herzlichem Danke für Ihren Rat in dieser für mich so wichtigen Angelegenheit. Ihr sehr ergebener Professor Dr. K.»

Texunterlagen: Der Vortrag wurde in der 1.–5. Auflage gedruckt nach der Mitschrift eines unbekannten Teilnehmers. Erst für die 6. Auflage 1987 wurde es möglich, offensichtliche Mängel des Textes zu korrigieren, nachdem dem Archiv der Rudolf Steiner-Nachlaßverwaltung die Mitschriften von zwei weiteren Teilnehmern zugekommen sind. Eine wörtliche Wiedergabe des gesprochenen Wortes stellt auch der jetzt erarbeitete Text nicht dar, da bei dem Vortrage keine erfahrenen Stenographen zugegen waren. Die Textdurchsicht für die 6. und 7. Auflage besorgte Ulla Trapp.

Zu Seite 9 und 29

In den öffentlichen Vorträgen: München, 8. Januar 1912: «Wie widerlegt man Theosophie?», und München, 10. Januar 1912: «Wie begründet man Theosophie?».

Von diesen beiden Vorträgen gibt es nur ungenügende Nachschriften; sie sind deshalb nicht in die Gesamtausgabe aufgenommen. Die entsprechenden Architektenhaus-Vorträge, Berlin, 31. Oktober 1912: «Wie widerlegt man Geistesforschung?», und Berlin, 7. November 1912: «Wie begründet man Geistesforschung?», sind wiedergegeben in «Ergebnisse der Geistesforschung», GA 62.

ÜBER DIE VORTRAGSNACHSCHRIFTEN

Aus Rudolf Steiners Autobiographie
«Mein Lebensgang» (35. Kap., 1925)

Es liegen nun aus meinem anthroposophischen Wirken zwei Ergebnisse vor; erstens meine vor aller Welt veröffentlichten Bücher, zweitens eine große Reihe von Kursen, die zunächst als Privatdruck gedacht und verkäuflich nur an Mitglieder der Theosophischen (später Anthroposophischen) Gesellschaft sein sollten. Es waren dies Nachschriften, die bei den Vorträgen mehr oder weniger gut gemacht worden sind und die – wegen mangelnder Zeit – nicht von mir korrigiert werden konnten. Mir wäre es am liebsten gewesen, wenn mündlich gesprochenes Wort mündlich gesprochenes Wort geblieben wäre. Aber die Mitglieder wollten den Privatdruck der Kurse. Und so kam er zustande. Hätte ich Zeit gehabt, die Dinge zu korrigieren, so hätte vom Anfange an die Einschränkung «Nur für Mitglieder» nicht zu bestehen gebraucht. Jetzt ist sie seit mehr als einem Jahre ja fallen gelassen.

Hier in meinem «Lebensgang» ist notwendig, vor allem zu sagen, wie sich die beiden: meine veröffentlichten Bücher und diese Privatdrucke in das einfügen, was ich als Anthroposophie ausarbeitete.

Wer mein eigenes inneres Ringen und Arbeiten für das Hinstellen der Anthroposophie vor das Bewußtsein der gegenwärtigen Zeit verfolgen will, der muß das an Hand der allgemein veröffentlichten Schriften tun. In ihnen setzte ich mich auch mit alle dem auseinander, was an Erkenntnisstreben in der Zeit vorhanden ist. Da ist gegeben, was sich mir in «geistigem Schauen» immer mehr gestaltete, was zum Gebäude der Anthroposophie – allerdings in vieler Hinsicht in unvollkommener Art – wurde.

Neben diese Forderung, die «Anthroposophie» aufzubauen und dabei nur dem zu dienen, was sich ergab, wenn man Mitteilungen aus der Geist-Welt der allgemeinen Bildungswelt von heute zu übergeben hat, trat nun aber die andere, auch dem voll entgegenzukommen, was aus der Mitgliedschaft heraus als Seelenbedürfnis, als Geistessehnsucht sich offenbarte.

Da war vor allem eine starke Neigung vorhanden, die Evangelien und den Schrift-Inhalt der Bibel überhaupt in dem Lichte dargestellt zu hören, das sich als das anthroposophische ergeben hatte. Man wollte in Kursen über diese der Menschheit gegebenen Offenbarungen hören.

Indem interne Vortragskurse im Sinne dieser Forderung gehalten wurden, kam dazu noch ein anderes. Bei diesen Vorträgen waren nur Mitglieder. Sie waren mit den Anfangs-Mitteilungen aus Anthroposophie bekannt. Man konnte zu ihnen eben so sprechen, wie zu Vorgeschrittenen auf dem Gebiete der Anthroposophie. Die Haltung dieser internen Vorträge war eine solche, wie sie eben in Schriften nicht sein konnte, die ganz für die Öffentlichkeit bestimmt waren.

Ich durfte in internen Kreisen in einer Art über Dinge sprechen, die ich für die öffentliche Darstellung, wenn sie für sie von Anfang an bestimmt gewesen wären, hätte anders gestalten *müssen*.

So liegt in der Zweiheit, den öffentlichen und den privaten Schriften, in der Tat etwas vor, das aus zwei verschiedenen Untergründen stammt. Die ganz öffentlichen Schriften sind das Ergebnis dessen, was in mir rang und arbeitete; in den Privatdrucken ringt und arbeitet die Gesellschaft mit. Ich höre auf die Schwingungen im Seelenleben der Mitgliedschaft, und in meinem lebendigen Drinnenleben in dem, was ich da höre, entsteht die Haltung der Vorträge.

Es ist nirgends auch nur in geringstem Maße etwas gesagt, was nicht reinstes Ergebnis der sich aufbauenden Anthroposophie wäre. Von irgend einer Konzession an Vorurteile oder Vorempfindungen der Mitgliedschaft kann nicht die Rede sein. Wer diese Privatdrucke liest, kann sie im vollsten Sinne eben als das nehmen, was Anthroposophie zu sagen hat. Deshalb konnte ja auch ohne Bedenken, als die Anklagen nach dieser Richtung zu drängend wurden, von der Einrichtung abgegangen werden, diese Drucke nur im Kreise der Mitgliedschaft zu verbreiten. Es wird eben nur hingenommen werden müssen, daß in den von mir nicht nachgesehenen Vorlagen sich Fehlerhaftes findet.

Ein Urteil über den Inhalt eines solchen Privatdruckes wird ja allerdings nur demjenigen zugestanden werden können, der kennt, was als Urteils-Voraussetzung angenommen wird. Und das ist für die allermeisten dieser Drucke *mindestens* die anthroposophische Erkenntnis des Menschen, des Kosmos, insofern sein Wesen in der Anthroposophie dargestellt wird, und dessen, was als «anthroposophische Geschichte» in den Mitteilungen aus der Geist-Welt sich findet.

RUDOLF STEINER GESAMTAUSGABE

Gliederung nach: Rudolf Steiner – Das literarische
und künstlerische Werk. Eine bibliographische Übersicht
(Bibliographie-Nrn. *kursiv* in Klammern)

A. SCHRIFTEN

I. Werke

Goethes Naturwissenschaftliche Schriften, eingeleitet und kommentiert von
R. Steiner, 5 Bände, 1884–97, Neuausgabe 1975 (*1 a–e*); separate Ausgabe der
Einleitungen, 1925 (*1*)

Grundlinien einer Erkenntnistheorie der Goetheschen Weltanschauung, 1886 (*2*)

Wahrheit und Wissenschaft. Vorspiel einer ‹Philosophie der Freiheit›, 1892 (*3*)

Die Philosophie der Freiheit. Grundzüge einer modernen Weltanschauung, 1894 (*4*)

Friedrich Nietzsche, ein Kämpfer gegen seine Zeit, 1895 (*5*)

Goethes Weltanschauung, 1897 (*6*)

Die Mystik im Aufgange des neuzeitlichen Geisteslebens und ihr Verhältnis zur
modernen Weltanschauung, 1901 (*7*)

Das Christentum als mystische Tatsache und die Mysterien des Altertums, 1902 (*8*)

Theosophie. Einführung in übersinnliche Welterkenntnis und Menschen-
bestimmung, 1904 (*9*)

Wie erlangt man Erkenntnisse der höheren Welten? 1904/05 (*10*)

Aus der Akasha-Chronik, 1904–08 (*11*)

Die Stufen der höheren Erkenntnis, 1905–08 (*12*)

Die Geheimwissenschaft im Umriß, 1910 (*13*)

Vier Mysteriendramen: Die Pforte der Einweihung – Die Prüfung der Seele –
Der Hüter der Schwelle – Der Seelen Erwachen, 1910–13 (*14*)

Die geistige Führung des Menschen und der Menschheit, 1911 (*15*)

Anthroposophischer Seelenkalender, 1912 (*in 40*)

Ein Weg zur Selbsterkenntnis des Menschen, 1912 (*16*)

Die Schwelle der geistigen Welt, 1913 (*17*)

Die Rätsel der Philosophie in ihrer Geschichte als Umriß dargestellt, 1914 (*18*)

Vom Menschenrätsel, 1916 (*20*)

Von Seelenrätseln, 1917 (*21*)

Goethes Geistesart in ihrer Offenbarung durch seinen Faust und durch das
Märchen von der Schlange und der Lilie, 1918 (*22*)

Die Kernpunkte der sozialen Frage in den Lebensnotwendigkeiten
der Gegenwart und Zukunft, 1919 (*23*)

Aufsätze über die Dreigliederung des sozialen Organismus und zur Zeitlage
1915–1921 (*24*)

Kosmologie, Religion und Philosophie, 1922 (*25*)

Anthroposophische Leitsätze, 1924/25 (*26*)

Grundlegendes für eine Erweiterung der Heilkunst nach geisteswissenschaftlichen Erkenntnissen, 1925. Von Dr. R. Steiner und Dr. I. Wegman (*27*)

Mein Lebensgang, 1923–25 (*28*)

II. Gesammelte Aufsätze

Aufsätze zur Dramaturgie 1889–1901 *(29)* – Methodische Grundlagen der Anthroposophie 1884–1901 *(30)* – Aufsätze zur Kultur- und Zeitgeschichte 1887–1901 *(31)* – Aufsätze zur Literatur 1886–1902 *(32)* – Biographien und biographische Skizzen 1894–1905 *(33)* – Aufsätze aus «Lucifer-Gnosis» 1903–1908 *(34)* – Philosophie und Anthroposophie 1904–1918 *(35)* – Aufsätze aus «Das Goetheanum» 1921–1925 *(36)*

III. Veröffentlichungen aus dem Nachlaß

Briefe – Wahrspruchworte – Bühnenbearbeitungen – Entwürfe zu den Vier Mysteriendramen 1910–1913 – Anthroposophie. Ein Fragment aus dem Jahre 1910 – Gesammelte Skizzen und Fragmente – Aus Notizbüchern und -blättern – *(38–47)*

B. DAS VORTRAGSWERK

I. Öffentliche Vorträge

Die Berliner öffentlichen Vortragsreihen, 1903/04 bis 1917/18 *(51–67)* – Öffentliche Vorträge, Vortragsreihen und Hochschulkurse an anderen Orten Europas 1906–1924 *(68–84)*

II. Vorträge vor Mitgliedern der Anthroposophischen Gesellschaft

Vorträge und Vortragszyklen allgemein-anthroposophischen Inhalts – Christologie und Evangelien-Betrachtungen - Geisteswissenschaftliche Menschenkunde – Kosmische und menschliche Geschichte – Die geistigen Hintergründe der sozialen Frage – Der Mensch in seinem Zusammenhang mit dem Kosmos – Karma-Betrachtungen – *(91–244)*

Vorträge und Schriften zur Geschichte der anthroposophischen Bewegung und der Anthroposophischen Gesellschaft *(251–263)* – Veröffentlichungen zur Geschichte und aus den Inhalten der Esoterischen Schule *(264–270)*

III. Vorträge und Kurse zu einzelnen Lebensgebieten

Vorträge über Kunst: Allgemein-Künstlerisches – Eurythmie – Sprachgestaltung und Dramatische Kunst – Musik – Bildende Künste – Kunstgeschichte – *(271–292)* – Vorträge über Erziehung *(293–311)* – Vorträge über Medizin *(312–319)* – Vorträge über Naturwissenschaft *(320–327)* – Vorträge über das soziale Leben und die Dreigliederung des sozialen Organismus *(328–341)* – Vorträge und Kurse über christlich-religiöses Wirken *(342–346)* – Vorträge für die Arbeiter am Goetheanumbau *(347–354)*

C. DAS KÜNSTLERISCHE WERK

Originalgetreue Wiedergaben von malerischen und graphischen Entwürfen und Skizzen Rudolf Steiners in Kunstmappen oder als Einzelblätter: Entwürfe für die Malerei des Ersten Goetheanum – Schulungsskizzen für Maler – Programmbilder für Eurythmie-Aufführungen – Eurythmieformen – Entwürfe zu den Eurythmiefiguren, Wandtafelzeichnungen zum Vortragswerk, u. a.

Die Bände der Rudolf Steiner Gesamtausgabe
sind innerhalb einzelner Gruppen einheitlich ausgestattet.
Jeder Band ist einzeln erhältlich.